Michel GOUTHON

Reçois la Vie par la Connaissance du Seigneur JESUS-CHRIST

Michel GOUTHON

Reçois la Vie par la Connaissance du Seigneur JESUS-CHRIST

Éditions Croix du Salut

Imprint

Any brand names and product names mentioned in this book are subject to trademark, brand or patent protection and are trademarks or registered trademarks of their respective holders. The use of brand names, product names, common names, trade names, product descriptions etc. even without a particular marking in this work is in no way to be construed to mean that such names may be regarded as unrestricted in respect of trademark and brand protection legislation and could thus be used by anyone.

Cover image: www.ingimage.com

Publisher:
Éditions Croix du Salut
is a trademark of
Dodo Books Indian Ocean Ltd. and OmniScriptum S.R.L publishing group

120 High Road, East Finchley, London, N2 9ED, United Kingdom
Str. Armeneasca 28/1, office 1, Chisinau MD-2012, Republic of Moldova, Europe
Managing Directors: Ieva Konstantinova, Victoria Ursu
info@omniscriptum.com

Printed at: see last page
ISBN: 978-3-330-70776-4

LA SAISON DES CLES DU ROYAUME

Cultes d'enseignement

Pasteur principal : Pasteur Dr Michel Mahougnon GOUTHON

<u>SOMMAIRE</u>

N°	DATES	THEMES	Page
1.	JEUDI 04 JANVIER 2023	QUE POSSEDES-TU ?	4
2.	JEUDI 11 JANVIER 2023	QUE POSSEDES-TU ?	5
3.	JEUDI 18 JANVIER 2023	TU PEUX AVOIR LE MEILLEUR !	9
4.	JEUDI 25 JANVIER 2023	DEVERROUILLE LE CIEL !	11
5.	JEUDI 01 FEVRIER 2023	RACHETE LE TEMPS !	14
6.	JEUDI 08 FEVRIER 2023	ACTIVE LA PROVISION A TES BESOINS !	18
7.	JEUDI 15 FEVRIER 2023	DONNE VIE A TON MIRACLE !	20
8.	JEUDI 22 FEVRIER 2023	UN POTENTIEL ILLIMITE DANS UN VASE LIMITE !	23
9.	JEUDI 29 FEVRIER 2023	OSE ECRIRE L'HISTOIRE !	26

<u>**BUT DE LA SAISON**</u>

Dans le monde spirituel, comme dans le monde physique, il existe des lois et des principes immuables. Tout comme l'univers fonctionne selon des lois bien définies telles que la gravité ou l'électricité, le Royaume de Dieu opère selon des principes spirituels précis. Comprendre ces principes et les appliquer est essentiel pour vivre une vie chrétienne victorieuse et épanouie.

Dans *la saison des clés du royaume de DIEU*, nous plongeons au cœur de la réalité du royaume de DIEU pour découvrir comment chaque croyant peut accéder à ses richesses infinies et à son autorité. À travers des enseignements basés sur les Écritures, sont dévoilés les principes qui permettront à chacun de débloquer les portes du ciel, de manifester la volonté de DIEU sur terre, et de vivre une vie en abondance selon la promesse du Seigneur JESUS-CHRIST. Ces enseignements répondent à des questions essentielles que chaque chrétien devrait se poser : Qu'est-ce que le royaume de DIEU ? Comment se comporter en tant que citoyen du ciel ? Comment utiliser l'autorité que Dieu nous a donnée ? Comment recevoir la provision divine ? Comment déverrouiller les cieux ? Comment jouir pleinement de son héritage en Christ ?

Le but de cette saison est de vous montrer comment accéder à ces trésors spirituels pour une transformation de votre vie à travers l'usage des clés que Dieu a mises à votre disposition. Puissiez-vous, en lisant ces lignes, découvrir les clés qui ouvriront des portes nouvelles dans votre marche chrétienne et vous rapprocheront du Royaume de Dieu.

QUE POSSEDES-TU ?

<u>Texte de base</u>:   Actes des apôtres 2 : 40-41

Notre texte de base nous parle de la première fois ou l'apôtre Pierre a annoncé l'évangile. L'accent y est mis sur le nombre remarquable de personnes qui se sont ajoutées au groupe des croyants suite au discours de Pierre : 3000 personnes en moins d'une journée ! Quelle moisson extraordinaire! Ce qui est encore plus étonnant c'est celui par qui cette conversion de masse eut lieu : Pierre, un pêcheur de poisson, un homme peu instruit et appartenant à la basse classe. Le même Pierre, quelques jours plus tard, n'ayant ni argent ni or, allant au temple pour prier comme le font tous ceux qui reconnaissent l'autorité du Seigneur et leur dépendance vis-à-vis de lui, remet sur pied un paralytique de naissance de sorte que ce dernier fut capable de marcher, courir et sauter. (**Acte 3 : 6-7**)

Question 1 : Qu'est ce qui confère à Pierre la capacité d'accomplir de tels prodiges ?

Réponse1 : L'autorité !

Question 2 : Qu'est-ce que l'autorité ?

Réponse 2 :L'autorité, c'est la capacité de se faire obéir.

Le président de la république est une autorité politico administrative. Il détient donc le pouvoir de se faire obéir dans ce domaine. Quant à Pierre, il est une autorité spirituelle.

Question 3 : Ou Pierre a-t-il reçu cette autorité ?

Réponse 3 : Pierre a reçu cette autorité chez le Seigneur. (**Mathieu 16 : 19**)

En effet, quiconque exerce une autorité l'a reçue d'une autorité plus grande que lui. Le serviteur de Dieu parle, mais c'est le ciel qui signe.

Constat : L'autorité qui a été donnée à l'apôtre Pierre, la plupart des chrétiens l'ont reçue aussi. (**Mathieu 18 : 18**)

Question 4 : Pourquoi alors ne voit-on pas les preuves de cette autorité chez eux ?

Réponse 4 : Dans le royaume de DIEU, il ne suffit pas d'avoir l'autorité, il faut aussi avoir les clés du royaume. L'autorité qui est donnée aux enfants de DIEU est subordonnée à la possession des clés du royaume.

QUE DIEU VOUS BENISSE !

QUE POSSEDES-TU ?

<u>Texte de base</u>:   Mathieu 16 : 13-19

Notre texte de base est un échange que le Seigneur a eu avec ses disciples.

Le dilemme du serviteur de DIEU

Malgré les nombreuses années à suivre le Seigneur, les gens ne savent pas vraiment qui il est. Mêmes les disciples du Seigneur étaient incapables de dire pourquoi ils le suivaient. Cela pose un problème sur les véritables motivations des croyants.

Pourquoi suivez-vous le Seigneur JESUS-CHRIST ? Qui est-il pour vous ?

Telle était la question que le Seigneur JESUS-CHRIST a posée à ses disciples. La réponse à cette question est déterminante pour la survie de votre foi.

- ***La foi bâtie sur du sable.***

Beaucoup suivent le Seigneur pour des avantages matériels ou des solutions à leurs problèmes personnels (argent, mariage, guérison, enfantement, etc..). Certes, le Seigneur JESUS-CHRIST procure toutes ces choses, cependant, suivre le Seigneur JESUS-CHRIST pour de telles raisons conduira à coup sûr au naufrage de votre foi car elles ne correspondent pas à la raison principale pour laquelle le Seigneur JESUS-CHRIST est venu. En effet, tant que vous n'avez pas trouvé la bonne réponse, le monde vous miroitera tout ce qu'il y a dans votre cœur pour provoquer votre chute, vous abandonnerez à la moindre épreuve ou vous serez driblé sur un carrefour de la vie.
Quand on considère les actes de Juda, on voit clairement qu'il suivait le Seigneur pour l'argent que ce Monsieur mobilisait, ce qui l'a mené à la destruction.

- ***Le fondement de la foi chrétienne véritable et inébranlable.***

La véritable raison pour laquelle il faut suivre le Seigneur est qu'Il est venu pour restaurer le Royaume de Dieu, perdu par Adam et Ève. Il est celui qui nous sauve et nous donne la vie éternelle. Il est important de fonder sa foi sur cette vérité pour rester ferme dans la foi. Le Seigneur JESUS-CHRIST est allé à la croix pour reprendre l'autorité à l'ennemie et pour nous la rétrocéder. Voilà le but de l'église, exercer l'autorité sur la terre, représenter DIEU sur la terre. L'autorité est une caractéristique du royaume de DIEU, un attribut de tout enfant de DIEU véritable.

Pierre était le seul parmi les disciples du Seigneur à connaître la véritable identité de ce dernier et la raison pour laquelle il fallait le suivre. Il a répondu spontanément à la question du Seigneur et cette réponse lui a valu une très grande bénédiction : la possession des clés du Royaume et une autorité que les autres apôtres ne possédaient pas encore. « Je te donnerai les clés du royaume des cieux ; ce que tu lieras sur la terre sera lié dans les cieux. »

Pourquoi le Seigneur JESUS-CHRIST a-t-il béni Pierre lorsque ce dernier a répondu à sa question? (Mathieu 16: 15-17)

1- Parce que c'est Pierre qui a trouvé la réponse. Alors que beaucoup hésitent, Pierre répond promptement : « Tu es le Christ, le Fils du Dieu vivant. » **(Mathieu 16:16)** .Ça voudrait dire que la raison pour laquelle il suit le Seigneur est très claire et ferme chez lui. Quant aux autres ils étaient seulement en train d'essayer le chemin qu'est le Seigneur JESUS-CHRIST, leur marche n'était pas basée sur une ferme conviction.

2- Parce que le Seigneur JESUS-CHRIST a été impressionné par Pierre (Mathieu **16: 17)**. En effet, DIEU a des sentiments, on peut le faire mouvoir, on peut le faire pleurer, on peut le faire crier, on le peut le faire danser.

3- Parce qu'il a vu que c'est Pierre qui a pu toucher le cœur de son Père. En effet, Pierre a amené son Père à lui accorder une révélation. Une révélation c'est lorsque DIEU ouvre le ciel sur votre tête et vous parle ; le Saint-Esprit dépose alors l'idée ou la pensée de DIEU dans votre conscience.

Le ciel ne s'ouvre que si vous avez une clé du Royaume.

D'après **Luc 12: 32** DIEU a donné le royaume à l'église, c'est-à-dire à tous ceux qui croient au Seigneur JESUS-CHRIST. **Mais pourquoi beaucoup n'ont-ils pas d'autorité? Pourquoi beaucoup n'en profitent-ils pas?** Parce qu'il leur manque les clés. Donc avoir le royaume ne suffit pas, il faut maintenant avoir les clés qui amènent Dieu à ouvrir son ciel sur votre tête.

Quelles sont les clés du royaume qui ont élevé Pierre à un tel niveau de bénédiction de la part du Seigneur JESUS-CHRIST ?

<u>Première clé :</u> La révélation

La révélation est la connaissance de la parole de DIEU appropriée au temps ou à la circonstance dans laquelle vous êtes. Le Saint-Esprit vous dit : "Cette parole-là, c'est elle qui correspond à la situation que tu es en train de traverser, prononce là et moi je monterai là-dessus''. Vous devenez alors une autorité dans cette circonstance, un acteur dans le Royaume de Dieu, capable d'ouvrir les cieux sur votre vie et celles des autres. Ainsi, la révélation a ouvert à Pierre une dimension spirituelle nouvelle, lui permettant de recevoir une autorité que les autres disciples ne possédaient pas encore.

Comment Pierre a-t-il fait pour avoir cette révélation ?

La méditation : Source de la révélation

Pierre n'est pas arrivé à cette révélation par hasard. Il ne s'est pas non plus contenté de ce que son frère André lui avait dit concernant le Seigneur JESUS-

CHRIST mais il a pris le temps de méditer sur les Écritures, de réfléchir profondément et longuement à ce que les prophètes avaient annoncé, et de comparer ces paroles à la vie de Jésus. C'est ce processus de méditation qui lui a permis de recevoir cette révélation et de comprendre que ce Monsieur-là, c'est le Messie. Donc **la méditation est une clé du royaume** pour ouvrir le ciel et avoir des révélations. Il ne s'agit donc pas de simplement lire la Bible ou de bucher les versets, il s'agit de méditer.

Avoir une révélation est déjà une grande bénédiction, la preuve en est que le Seigneur JESUS-CHRIST lui-même l'a déclaré heureux d'avoir eu cette révélation. Mais pourquoi donc le Seigneur a-t-il encore béni Pierre ?

<u>Deuxième clé</u> : **« A celui qui a, il sera donné encore plus » (Matthieu 25:29).**

Autrement dit, la possession d'une clé enfante l'obtention d'autres clés.
La culture du royaume est totalement opposée à la culture de la terre ou à la logique humaine. Les hommes diront que Pierre est déjà trop béni, qu'il est déjà heureux et qu'il faut partager le reste des bénédictions aux autres qui n'en ont pas. Les gens s'asseyent dans les églises et attendent que ce soit toujours un petit groupe qui finance les choses, mais ce qu'ils ignorent c'est qu'en prenant chez les autres, vous prenez aussi leurs jougs.
Plus tu as quelque chose, plus DIEU multiplie et bénit la chose lorsque tu l'utilises pour sa gloire. Donc si je veux que DIEU me donne quelque chose en abondance, qu'est-ce que je fais? Je travaille à avoir ne serait-ce qu'une petite quantité de la chose que je mets au service de DIEU et des autres.

Pierre est un exemple frappant de cela. Après avoir reçu la révélation de la véritable identité de Jésus, il s'est vu confier une plus grande autorité spirituelle. Lorsque le Saint-Esprit descendit sur lui le jour de la Pentecôte, Pierre utilisa cette autorité pour prêcher avec puissance, et 3000 personnes furent sauvées en un jour (Actes 2:41).

Une clé du royaume n'est efficace que lorsqu'elle est utilisée de manière appropriée.
Exemple : La clé de la prière stratégique
Quand on les a enfermé dans une prison, Paul et Silas n'ont pas prié à longueur de journée ni toute la nuit, ils ont prié à minuit, au milieu de la nuit. Quand ils ont commencé à prier et à louer à minuit, les fondations de la prison ont été ébranlées **(Actes 16 :25-40).** C'est une clé du royaume ! Quand on veut décréter la destruction de ses ennemis et établir une autre fondation, c'est à minuit qu'on prie. A minuit, on fait la guerre, on fait descendre tous ceux qui sont en train de vous déranger et on établit son trône ou le trône de son enfant ou de celui que vous voulez aider. A minuit on déracine et on plante, on construit et on détruit. Quelles clés as-tu? A quelle heure prie-t-on quand on cherche mariage, enfant, les fruits de la vie, emploi et consort? A midi ! Ce sont des clés du royaume qui permettent d'ouvrir les entrepôts célestes.

C'est ce même principe qui a élevé Pierre au niveau d'autorité qui lui a permis de gagner 3000 âmes au Seigneur le même jour. Son message d'évangélisation a été un argumentaire bien agencé. A deux reprises il a utilisé la clé de la révélation pour ouvrir le ciel et faire descendre le Saint-Esprit sur ses auditeurs, une première fois lorsqu'il cita le prophète Joël **(Actes 2 : 16-17)** puis une deuxième fois lorsqu'il cita le roi David **(Actes 2 : 25-31)**. Ces références scripturaires étaient le fruit de sa méditation sur les Écritures, et elles ont permis d'ouvrir le cœur de 3000 personnes qui se sont converties ce jour-là.

LE SOCLE DE L'AUTORITE

Remarquons que Pierre était un simple pêcheur de poisson, il n'était pas allé à l'école, il n'était pas né d'une famille riche, il n'était ni matériellement, ni financièrement, ni socialement quelqu'un de grand et il n'appartenait même pas à la classe élite spirituelle, mais c'est lui qui a manifesté une telle autorité de sorte que 3000 personnes ont donné leur vie au Seigneur en l'écoutant. Qu'est-ce qui l'a rendu capable d'un tel impact ? D'où provient donc l'autorité de Pierre ? De sa personnalité ! De ce qu'il possédait intérieurement, la révélation, sa connaissance de la parole de DIEU qu'il a su utiliser au moment opportun et qui a libéré l'action du Saint-Esprit.

Combien de types d'autorité existe-t-il alors ?

Quel que soit le domaine, il n'y a que deux types d'autorités.

1- L'autorité de position

C'est l'autorité que les hommes ou qu'un système vous confère. Ce type d'autorité est éphémère, fragile et dangereux. L'autorité de ministre, maire, directeur de société sont des autorités de position, elles ne durent que le temps ou dure l'autorité de celui qui vous a nommé.

2- L'autorité de personnalité

Ce type d'autorité est basé sur ce que vous êtes, elle est fondée sur vos acquis que personne ne peut vous enlever. Cette autorité est intrinsèque et indestructible. Aussi longtemps que vous vivez, des gens qui ont besoin de ce que vous avez vous écoutent, vous suivent, vous sollicitent et vous payent.

Pierre avait une autorité de personnalité. Il avait la connaissance de la parole de DIEU, il avait la révélation et çà personne ne pouvait le lui enlever.

Que possèdes-tu ? Sur quoi peux-tu construire ton autorité ? Qu'est-ce que tu as pour impressionner ?

Si vous voulez laisser une histoire, si vous voulez impacter les gens de votre génération et laisser un héritage à vos enfants, cultivez l'autorité de personnalité. Travaillez à posséder des choses que personne ne peut vous enlever. Les gens peuvent vous enlever l'argent, ils peuvent vous enlever la position mais ce qu'on ne peut pas vous enlever c'est le DIEU que vous possédez, ce sont les clés que vous possédez, la connaissance que vous possédez, le caractère que vous possédez, le témoignage que vous possédez, c'est ça qui fera de vous une autorité sollicitée, recherchée. Une autorité qu'on oublie après cinq ans, dix ans, vingt ans ça ne vaut rien. Ce qui fera que le ciel ne vous oubliera pas, c'est ce que vous avez intrinsèquement.

TU PEUX AVOIR LE MEILLEUR !

<u>Texte de base:</u> **Mathieu 15 : 32-33**

Notre texte de base est un test que le Seigneur JESUS-CHRIST était en train de passer à ses disciples après les avoir formés dans **Mathieu 14 : 14-21.**

Le Seigneur JESUS-CHRIST ayant remarqué que la foule qui était avec lui depuis trois jours n'avait plus rien à manger, saisi cette occasion pour évaluer ses disciples. En effet la même situation s'était déjà produite dans Mathieu 14 : 14-21. Le Seigneur JESUS-CHRIST avait nourrit devant eux une foule immense de cinq mille(5000) personnes sans compter les femmes et les enfants et ceci, sans dépenser un sou, juste avec cinq(5) pains et deux(2) poissons. Cette fois ci, il attire lui-même leur attention sur le fait que la foule n'avait plus rien à manger en s'attendant qu'ils répètent ce qu'ils l'avaient vu faire. Mais malheureusement ils n'avaient gardé aucune leçon de ce qui s'était passé. Ils se sont probablement dits en eux-mêmes que le maitre serait toujours là pour les sortir d'affaire et n'ont pas été attentifs à la formation que le maître leur avait dispensée. C'est ainsi que DIEU nous évalue régulièrement et que nous échouons très souvent.

Mais que voulait leur apprendre le Maitre à travers ces deux expériences (Mathieu 15 : 32-38 ; Mathieu 14 : 14-21) ?

1- **La provision du royaume de DIEU est illimitée en faveur de ses enfants**

Il y en a suffisamment chez votre Père pour satisfaire tous vos besoins. Ce n'est pas la quantité de pains et de poissons dont vous disposez actuellement qui détermine le nombre de personnes que vous pouvez nourrir mais plutôt, l'immensité de la richesse du royaume auquel vous appartenez. Le royaume de Dieu est un royaume illimité. Ce royaume est à l'image de son roi qui est lui aussi sans limites.

2- **Le royaume de DIEU est différent des royaumes terrestres**

- Les citoyens du royaume des cieux sont différents des citoyens des royaumes terrestres.
- Les lois et principes qui gouvernent ce royaume sont différents des lois et principes qui gouvernent les royaumes terrestres

Dès lors que vous recevez le Seigneur JESUS-CHRIST, tout change pour vous (votre royaume, les lois et principes auxquels vous êtes soumis, etc...).La loi terrestre consiste à sortir la quantité d'argent nécessaire pour aller acheter des vivres pouvant couvrir les besoins en nourriture de toute la foule mais la loi que le

Seigneur a appliquée devant eux est différente. Il voulait leur montrer la clé qui permet de débloquer des provisions dans le royaume de DIEU.

Qu'est-ce que le royaume de DIEU ?

Un royaume, c'est un territoire sur lequel s'impose la souveraineté d'un roi. Dans un royaume, il n'y a qu'un seul souverain et tous les autres sont des sujets. Le souverain a l'obligation de tout faire pour que ses sujets soit heureux car ces derniers sont l'émanation de sa gloire. **Jean 15 : 8**

Le royaume de DIEU est donc le territoire et les personnes sur lesquels s'exerce la souveraineté de DIEU(le règne de DIEU).

La souveraineté de DIEU s'exerce t'elle sur vous ?

La majorité des chrétiens d'aujourd'hui ne sont pas soumis à DIEU et sont privés ainsi des privilèges d'un véritable citoyen du royaume. Accepter la souveraineté de DIEU, c'est accepter ses lois et ses règles. Être dans le royaume de DIEU, c'est accepter la souveraineté de DIEU.

DEVERROUILLE LE CIEL !

Texte de base : Mathieu 14:14-21

Notre texte de base est un évènement qui s'est produit pendant que le Seigneur était encore sur la terre. Il nous parle d'une rencontre du Seigneur JESUS-CHRIST avec une foule quand Il descendait d'une barque. Nous constatons qu'à la vue de la foule, le Seigneur JESUS-CHRIST fut saisit de pitié pour cette dernière.

Question 1: Pourquoi le Seigneur JESUS-CHRIST a-t-il eu pitié de la foule?

Réponse 1: Le Seigneur JESUS-CHRIST a eu pitié de la foule car Il voyait les conditions dans lesquelles se trouvaient ces gens alors que ce n'était pas ce que DIEU avait prévu pour eux. Voilà des gens créés à l'image de DIEU pour manifester sa gloire qui sont entrain de souffrir.

Mais en réalité, c'est DIEU qui avait pitié de la foule. **Colossiens 15:15** nous dit que le Seigneur Jésus est l'image visible du DIEU invisible, ce qui voudrait donc dire que c'est la pitié de DIEU qui se reflétait sur le cœur du Seigneur JESUS-CHRIST.

Constat 1 : DIEU voit la souffrance des Hommes et en est touché.

Question 2: Mais puisque DIEU voit la souffrance des hommes et qu'IL a pitié d'eux, pourquoi alors n'arrête-t-IL pas cette souffrance ?

Réponse 2: Il n'arrête pas la souffrance des Hommes à cause de sa justice et sa justice sanctionne le péché. En effet, ce n'est pas quand vous péchez que le Seigneur décide de la punition ; le programme de punition était écrit depuis le début de la création.

Constat 2: Nous voyons dans notre texte que le Seigneur JESUS-CHRIST n'a pas seulement eu pitié de la foule mais IL s'est aussi chargé de trouver des solutions à leurs problèmes en les guérissant.

Question 3: Pourquoi le Seigneur JESUS-CHRIST faisait-IL ces démonstrations en les guérissant ?

Réponse 3: Le Seigneur faisait ces démonstrations pour leur montrer le cœur de DIEU : un cœur de compassion et d'amour. Quand le Seigneur les guérissait et les nourrissait, il savait que ce n'était pas la solution définitive. La solution définitive, c'est la croix, afin que le dénuement et le manque de nourriture disparaissent et que l'Homme retrouve sa domination. Les miracles, c'est l'exception ; la règle, c'est la foi. La foi c'est la fermeté dans l'intégrité et dans l'obéissance, et à partir de là, le miracle devient votre naturel. A travers les miracles, il leur montrait la bonté, la splendeur, la beauté de ce qu'il a amené. En effet, personne ne vous suivra si vous n'avez pas quelque chose de spécial dont il a besoin.

Question 4: Qu'est-ce que le Seigneur JESUS-CHRIST a-t-il donc amenée ?

Réponse 4: Le royaume de DIEU !

Dans le royaume de DIEU, on ne souffre de rien, on ne manque de rien, on ne tombe pas malade. La première chose qu'un chrétien doit comprendre c'est ce pourquoi le Seigneur JESUS-CHRIST a été envoyé : le royaume de DIEU **(Luc 4 : 42-43)**. Ça le tenait tellement à cœur qu'après sa résurrection d'entre les morts, il a encore parlé du royaume pendant quarante (40) jours avant de s'élever vers le ciel **(Acte 1 : 1-3).**

Question 5 : Que comprenons-nous du terme "royaume"?

Réponse 5 : Un royaume : est un territoire sur lequel vivent des personnes appelées sujets à la tête desquelles se trouve un souverain

Question 6 : Qu'est-ce que le Royaume de DIEU?

Réponse 6 :

1- Le royaume de DIEU est l'ensemble des personnes sur lesquelles règnent DIEU.

2- Le royaume de DIEU est l'ensemble des personnes qui habitent le ciel et la terre et qui sont soumises à la souveraineté de DIEU.

3- Le royaume de DIEU: c'est l'ensemble des personnes spirituelles et physiques gérées par le Seigneur Saint-Esprit. Le Seigneur Saint-Esprit est celui qui incarne le royaume de DIEU.–**(Mathieu 12:28)**

4- Le royaume de DIEU, c'est DIEU descendu sur terre et invitant les êtres humains à venir vivre une vie d'abondance et sans fin. Au ciel, les gens ne vieillissent pas, ils ne tombent pas malade. **Esaïe 11:1-10**

L'église n'est pas le royaume de DIEU. Ceux qui sont dans les communautés et qui ne sont pas soumis à DIEU ne sont pas dans le royaume de DIEU. L'église est une partie du royaume de DIEU : ceux qui sont sur la terre et qui sont soumis à DIEU

Constat : Dans **Mathieu 4:17**, le Seigneur JESUS-CHRIST parle du royaume des cieux.

Question 7 : Quelle est alors la différence entre le royaume de DIEU et le royaume des cieux ?

Réponse 7 : Le Royaume des cieux c'est le règne de DIEU dans les cieux tandis que le royaume de DIEU, c'est le règne de DIEU sur la terre et dans le ciel. Le royaume de DIEU, c'est le royaume des cieux venu sur la terre.

Question 8: Comment le Seigneur JESUS-CHRIST a-t-il fait pour montrer la beauté de ce qu'IL a amené ?

Réponse 8 : Il a prié (Mathieu 14:19)

- La clé pour ouvrir l'entrepôt de DIEU, c'est la prière ;
- Prier, c'est demander à DIEU (Jean 16:24) ;

- La prière est fondamentale après la parole. Prier n'est pas une option pour le chrétien (Jean 16:24).

RACHETE LE TEMPS !

<u>Texte de base:</u>   Juges **9 : 1-6**

Notre texte de base Juges 9 : 1-6 est l'un des textes les plus scandaleux de la Bible Ce passage raconte un événement tragique dans l'histoire d'Israël. Gédéon, un grand Homme de Dieu et ancien juge d'Israël, eut 70 fils avec ses épouses légitimes. Toutefois, il eut également un fils illégitime avec une femme en dehors de son foyer. Après la mort de Gédéon, ce fils né hors mariage, plutôt que de se distinguer par ses qualités pour être choisi roi, recruta des mercenaires avec l'aide de ses oncles maternels. Ensemble, ils conspirèrent pour assassiner tous les autres fils de Gédéon afin de garantir sa place en tant que roi à la suite de son père. En une seule journée, les 70 fils furent tués dans une attaque inattendue, car ils se disaient que c'était leur propre frère qui venait les voir.

Ça fait partie des textes les plus traumatisants de la Bible. Ou était DIEU quand le garçon là tuait ses frères ? Gédéon n'était-il pas un serviteur de DIEU ? Mais pourquoi DIEU s'est-il tu et on a tué ses 70 fils le même jour ? N'était-ce pas les enfants d'un serviteur de DIEU qui étaient en train d'être tués ? Pourquoi DIEU n'a-t-il rien fait pour les protéger? Pourquoi n'a-t-il pas bronché pendant qu'on leur coupait la tête ? N'est-il pas tout puissant ? Pourquoi DIEU a-t-il autant utilisé, béni et élevé Gédéon si c'est pour permettre que ce drame lui arrive ?

Dieu s'est tu et a permis qu'on tue 70 des fils de Gédéon malgré que ce dernier soit son serviteur parce qu'il n'a pas pris le temps de connaitre DIEU personnellement avant que DIEU ne commence à l'utiliser. La grande leçon qu'il faut tirer de ce drame est qu'il est crucial de connaitre DIEU personnellement avant que le son de son appel sur votre vie ne retentisse **(Juges 6 : 11-13)**. Autrement dit : *Rachète le temps en cultivant une relation intime et personnelle avec DIEU, l'investisseur avisé, avant que l'heure de la moisson des fruits de son investissement dans ta vie ne sonne (Juges 8 : 22-27).*

En effet, le royaume de DIEU est fondamentalement relationnelle et il est crucial de connaitre DIEU et de développer une relation personnelle avec lui, seule garantie d'une vie réussie au-delà des dons et talents naturels afin d'échapper aux conséquences dramatiques de la transgression des lois et principes divins car notre DIEU est un DIEU redoutable.

LE ROYAUME DE DIEU EST UN ROYAUME RELATIONNEL

La marche avec DIEU est une marche relationnelle et donc appartenir au royaume de DIEU exige d'avoir de bonnes relations avec DIEU et avec les Hommes.

D'abord toute la loi divine se résume à l'amour de DIEU et du prochain (Mathieu 23 : 36-39 ; Romain 13 : 8-10). Romains 12 : 18, Romains 12 :16 et 1 Corinthiens 10 : 31-33 insistent sur la paix avec les autres.

Ensuite, les relations de bonnes qualités impliquent la loyauté, l'honnêteté, le respect et la sincérité (Romains 12 : 9-11)

Enfin, les bonnes relations conduisent à la prospérité.

La paix intérieure et avec les autres favorise l'inspiration, permet d'accéder aux révélations divines et de recevoir les bénédictions **(Romain 12 : 18)**

LES RELATIONS SONT PRIORITAIRES DANS LA CULTURE DU ROYAUME

La réussite d'un chrétien avec DIEU ne dépend pas de ses potentialités, de ses capacités, dons et talents mais plutôt de la qualité de sa relation avec DIEU et avec les Hommes. Vos talents ne vous seront d'aucune utilité si vous n'avez pas de bonnes relations avec DIEU et avec les Hommes.

Certes, DIEU donne à tout le monde des potentialités, des talents, des dons, des capacités et ces derniers permettent à quiconque les développe et sait les convertir en richesse de réussir matériellement sur la terre indépendamment du fait qu'il connaisse DIEU ou pas.

Dieu en créant l'Homme lui a dit : Soyez féconds, multipliez-vous, remplissez la terre, Assujettissez là...... **(Genèse 1 : 28)**
Dieu en le créant a fait de Gédéon, un homme puissant, un redoutable guerrier **(Juges 6 : 12)**

Mais, sans une relation personnelle et solide avec DIEU, les moments de gloire comme les moments d'épreuve provoqueront votre chute.

Restez donc vigilant dans les moments de succès car le diable peut vous faire tomber

L'élévation doit être accompagnée d'une humilité et d'une dépendance continuelle envers Dieu. L'élévation de Gédéon l'a conduit à l'idolâtrie. Après sa victoire, Gédéon a fabriqué une idole, montrant ainsi sa chute spirituelle **(Juges 8, 22-27)**.

De même, dans l'épreuve placez votre confiance en DIEU et ne péchez pas

DIEU a dit : Même quand tu traverses la vallée de la mort, je serai avec toi **(Psaume 23:1-4)**,
Ne devenez pas non plus irritable, insolent, aigri, adultère, impoli... **(1 Samuel 13: 3-14)**.

LE ROYAUME DE DIEU EST UN ROYAUME PERSONNEL

D'une part, avoir de bonnes relations avec les autres dépend entièrement de vous.
C'est vous qui faites l'effort d'avoir de bonnes relations, d'être en de bons termes avec les autres. Ce ne sont pas les autres qui doivent s'adapter à vous. Autant que cela dépend de vous........ **(Romains 12: 18)**.C'est vous qui devez traiter vos infirmités et tout ce qui nuit à vos relations ou vous empêchent d'entrer en relation avec les autres.

D'autre part, pour qu'il y ait de bonnes relations entre les autres et vous, il faut d'abord qu'il y ait de bonne relation entre DIEU et vous, et c'est encore vous qui devez travailler à ça.

C'est vous qui développez votre intimité avec DIEU. C'est vous qui travaillez à connaitre DIEU et à être en paix avec lui.

DIEU EST REDOUTABLE

C'est Dieu lui-même qui a appelé Gédéon, a été avec lui, lui a donné la victoire sur ses ennemis, l'a béni et lui a donné l'élévation et la gloire (**Juges 6: 15-16**). Il sait tout, Il savait que les 70 fils de Gédéon seront tués. Pourtant DIEU s'est tu et a permis que 70 de ses fils soient tués en une seule journée.

En effet, puisque Gédéon a eu le cran de lui désobéir, il savait qu'il allait lui régler son compte quand il aurait fini de tirer profit de tout ce qu'il a investi en lui.

Non seulement, quand l'heure de DIEU sonne pour qu'il moissonne les fruits de ce qu'il a déposé en un Homme comme dons et talents, il s'en fout de là ou ce dernier est arrivé dans sa marche avec lui, il l'utilise tout simplement pour atteindre son objectif.

Quand DIEU a voulu sauver les Israélites des mains des madianites, il est allé chercher Gédéon qu'il a créé en tant que valeureux combattant (**Juges 6 :12**) et l'a utilisé bien que Gédéon ne connaissait pas DIEU et n'avait aucune relation personnelle avec lui.

La preuve en est que, après avoir été béni, il a violé la loi de DIEU dans **Exode 20: 1-17** en pratiquant l'idolâtrie. Pourtant cette loi a été donnée par Moïse qui a vécu bien avant Gédéon. Donc Gédéon n'avait pas pris la peine de connaître ce livre de la loi.

De plus, sa foi était basée sur ce que les gens lui ont raconté, elle ne découle pas d'une expérience personnelle avec DIEU. Tels étaient ses propos devant DIEU : DIEU nous a abandonné, sur la base de ce que nos pères nous ont raconté….. **Juges 6 :13**.

Mais encore, DIEU punit la désobéissance

- o Gédéon a perdu 70 de ses fils à cause de sa désobéissance.

En plus d'avoir eu des enfants hors mariage (enfants au dehors, femme au dehors), il a été idolâtre. Comme conséquences, ses enfants se sont entretués. Un des fils qu'il a eu avec une femme au dehors a tué tous ses frères. Seul le benjamin a survécu parce qu'il s'était caché.

Leçons :

- Veille sur ton cœur pour ne pas être utilisé par le diable comme ce fils de Gédéon pour être ensuite jugé par DIEU
- Cache-toi comme le benjamin de Gédéon et que le mauvais vent passe

- o Les enfants d'Abraham s'entretuent entre eux jusqu'à aujourd'hui à cause du manque d'intégrité de ce dernier en allant coucher avec sa servante Agar.

Et pour terminer, Dieu sait faire le mal

DIEU ne fait pas seulement du bien, il fait aussi du mal. Il a dit dans sa parole : Voici que l'être humain est devenu comme nous en matière de connaissance de faire le bien et le mal. Donc DIEU savait faire le bien et le mal avant de créer l'être humain. Si vous allez lui chercher querelle en faisant ce qu'il désapprouve ou en faisant du mal à un de ses serviteurs, il va vous faire du mal. Il règle les comptes aux gens de manière sauvage.

Sachez donc qu'à partir d'aujourd'hui, vous devez tout faire pour qu'il y ait la paix dans votre mariage, la paix dans votre foyer, la paix dans l'église, la paix dans votre quartier autant que cela dépend de vous. Et si quelqu'un a l'audace de vous provoquer, vous verrez ce que votre DIEU lui fera. Et n'oubliez jamais, ce ne sont pas les autres qui s'adaptent à vous. C'est vous qui vous vous adaptez pour qu'il y ait la paix. Autant que cela dépend de vous, soyez en paix avec tout le monde. Prenez le temps de développer une relation solide avec Dieu et de maintenir de bonnes relations avec les autres car c'est cela qui garantit une vie réussie, au-delà des dons et des talents naturels.

Rachète le temps en développant une relation personnelle avec Dieu avant l'arrivée des moments décisifs de ta vie et que DIEU te bénisse abondamment !

ACTIVE LA PROVISION A TES BESOINS !

Texte de base : Genèse 1:26-31

Notre texte de base nous montre les dispositions prises par DIEU avant de créer l'Homme.Dans ce texte, nous voyons que DIEU a créé l'homme après avoir tout créé, tout ce qu'il fallait à l'homme pour vivre.

Leçon : Avant de créer une charge, nous devons préalablement préparer les ressources nécessaires à sa survie: c'est ainsi que DIEU fonctionne.

Bien que DIEU ait tout mis à la disposition d'Adam et Ève, IL leur demande encore de travailler avant de jouir de la nourriture qu'IL a déjà mise à leur disposition dans le jardin **(Genèse 1:29)**. Ce travail consiste à identifier, à observer et à sélectionner les fruits des arbres et leurs grains.

Question 1: Pourquoi DIEU veut-IL qu'Adam et Ève fournissent un effort physique et intellectuel avant de se nourrir ?

Réponse 1:

- DIEU n'est pas influencé (ému) par nos besoins.

Ce ne sont pas nos besoins qui font lever DIEU. Mais ce qui émeut DIEU, c'est notre foi dans sa capacité à subvenir à nos besoins. DIEU voulait qu'Adam et Ève lui fassent confiance en allant vers les arbres et en croyant qu'ils trouveront leur nourriture selon sa parole.

- DIEU veut que nous dépendions de LUI. IL veut voir si nous avons confiance en sa parole.

Dans **Exode 16 :16-21** nous voyons DIEU ordonner aux enfants d'Israël de ne ramasser que la quantité de nourriture suffisante pour une journée, autrement, ce qu'ils auraient mis de côté pour le jour suivant pourrirait. Mais dans **Exode 16:22** nous voyons que les enfants d'Israël étaient autorisés à prendre une double quantité de nourriture le sixième jour, pour le sixième et pour le septième jour, mais que la nourriture mise en réserve pour le septième jour ne pourrissait pas. Cela nous montre que ce n'était pas l'incapacité de DIEU à maintenir en bon état la nourriture pour le jour suivant qui faisait que la nourriture pourrissait mais plutôt son désir de voir le peuple d'Israël dépendre de LUI et s'attendre à LUI tous les jours.

Question 2 : Si DIEU a déjà tout prévu pour nous **(Mathieu 6:28-32)**, pourquoi alors veut-IL qu'on LUI demande encore **(Mathieu 6:7-11; Mathieu 7:7-11)** ?

Réponse 2 : DIEU désire voir l'expression de notre foi: c'est elle qui l'émeut.

- La foi est une semence, c'est semer un acte qui prouve ma confiance en DIEU ;
  - La foi a une semence.

Dans **1 Rois 17:7-9**, le prophète Élie a semé le déplacement en obéissant à DIEU et en quittant le torrent pour se rendre chez la veuve ;

- o DIEU teste notre foi tout le temps **(Romain 10:17; Jacques 2:14)** ;
- La foi est la main qui me permet de prendre ce dont j'ai besoin (mes provisions) dans les mains de DIEU ;
- La foi est ce qui me permet d'enfanter mes provisions du surnaturel au naturel ;
- La foi est cette clé qui me permet d'opérer au même niveau de puissance que DIEU **(Jean 14:11-14)** ;

QUE DIEU VOUS BENISSE !

DONNE VIE A TON MIRACLE !

Texte de base: Genèse 22 : 1-2

Notre texte de base **Genèse 22 : 1-2** nous parle d'un test, d'une épreuve que DIEU a fait traverser au père Abraham. Dieu demanda à Abraham d'aller lui sacrifier le fils qu'il a cherché pendant cent ans. Abraham n'a eu Isaac qu'à 100 ans et 25 ans après son appel.

Question 1 : Pourquoi DIEU fait-il une telle demande à quelqu'un qui a souffert pendant 100ans avant d'avoir un enfant?

Réponse 1 : DIEU fait une telle demande parce qu'il n'était pas satisfait de la foi d'Abraham en lui. Il voulait s'assurer de sa foi en lui car sa fidélité n'a duré que trois mois avant l'accomplissement de la promesse que DIEU lui a faite **(Genèse 17 : 1-2).**

D'après **Genèse 17 : 1-2**, jusqu'à 99 ans, le père Abraham n'était pas encore intègre devant DIEU. Le simple fait qu'il se soit compromis, par manque de patience, en couchant avec sa servante Agar pour avoir un fils en est une preuve évidente. Isaac est né quand il a eu cent ans et la durée normale d'une grossesse est de neuf mois, donc ça lui fait juste trois mois (douze moins neuf) de fidélité avant que la promesse ne se réalise. DIEU a accompli sa promesse à cause de sa propre gloire, à cause de son nom et de son honneur. Mais DIEU l'attendait au carrefour. Puisque Abraham n'a été fidèle que pendant trois mois, DIEU a voulu s'assurer de la foi de ce dernier en lui demandant de lui retourner l'enfant.

Rappelons que c'est DIEU lui-même qui a choisi Abraham, qui l'a béni et qui lui a donné une promesse. Pourtant, il a fait attendre ce dernier pendant 25 ans avant de réaliser cette promesse. En effet, Abraham avait 75ans quand DIEU l'a appelé **(Genèse 12 : 1-3)**, mais ce n'est qu'après 24 ans, pendant qu'il avait déjà 99 ans, que DIEU lui a révélé ce qu'il fallait qu'il fasse pour que la promesse s'accomplisse **(Genèse 17 : 1-2)** et ce n'est que 24 ans 3mois après son appel que sa femme Sarah est tombée enceinte pour que son fils ISAAC naisse 9 mois après, pendant qu'il avait déjà 100 ans **(Genèse 21 : 1-5).**

Question 2 : DIEU ne savait-il pas qu'Abraham et Sarah étaient très avancés en âge et qu'ils souffraient terriblement du fait de ne pas avoir d'enfant ? Oui, il le savait, puisqu'il est omniscient. Mais pourquoi a-t-il fait attendre Abraham pendant 25 ans ?

Réponse 2 :

1- DIEU n'est pas tenu par nos besoins, nos besoins ne l'émeuvent pas
2- DIEU cherchait une semence dans la vie du père Abraham : la confiance en la parole qu'il lui a donnée dans **Genèse 12 : 1-3**. Abraham se serait attaché à cette parole et serait resté tranquille et il aurait vite eu son enfant.

LA FOI A BESOIN D'UNE SEMENCE, ET CETTE SEMENCE SE TROUVE DANS LA PAROLE DE DIEU.

Quelques semences qui ont obligé DIEU à se lever et à agir en faveur des gens

- *Genèse 1 :29*

La semence ici, c'est un geste : Adam prouve sa foi en se déplaçant pour aller vers les arbres portant des fruits. Ce geste est la preuve qu'Adam croit à ce que DIEU lui a dit.

La plupart des gens quand ils ont besoin des choses, ils ne réfléchissent pas à comment manifester la foi en DIEU ? Ils s'asseyent seulement et ils disent : je veux boulot. Quel boulot ? Tu n'auras rien ! Si tu veux boulot, tu te lèves. Si tu veux boulot, tu fais d'abord le point de tes domaines de compétences, après ça, tu fais le point des structures d'accueil d'une personne ayant de telles compétences, après quoi tu prends tes pieds ou ta moto et tu vas dans ces structures.

- **1 Roi 17 : 7-16**

Quelle est la semence d'Elie qui exprime sa foi vis-à-vis de la parole de DIEU ? Son déplacement ! DIEU lui a dit : « je t'ai préparé de la nourriture chez une veuve ». Sa foi en DIEU l'oblige à se lever et à partir. S'il n'était pas parti voir la veuve, c'était fini pour lui malgré son onction.

LA FOI N'EST PAS DISSOCIEE DE LA PAROLE DE DIEU. LA PAROLE DE DIEU EST UNE PUISSANTE CLE POUR PRENDRE LES CHOSES CHEZ DIEU.

DIEU veille sur sa parole (Jérémie 1 :12)

DIEU dit qu'il veille sur sa parole pour l'exécuter, donc ce qui intéresse DIEU c'est sa parole. L'une des raisons pour lesquelles DIEU tarde dans la bénédiction de certains est qu'ils ne présentent pas à DIEU ce qu'Il a dit sur eux-mêmes. En effet, ils oublient les promesses de DIEU, ils ne présentent pas à DIEU sa propre parole.

La parole de DIEU court (Psaume 147 :15)

La parole de DIEU court, DIEU se hâte pour réaliser ce qu'il a dit .La parole de DIEU fait partie des sources du pouvoir. Beaucoup n'ont pas de puissance parce qu'ils ne connaissent pas la parole. Dès que vous trouvez la parole de DIEU et que vous la lancer devant DIEU, DIEU l'active et elle commence à courir pour réaliser ce qu'il a dit.

Quand vous lisez **Daniel 10 : 12-14**, vous voyez l'ange Gabriel qui s'adresse à Daniel ; il dit : depuis que tu as trouvé la parole que DIEU a donnée au prophète Jérémie et que tu as commencé à la présenter à DIEU, DIEU s'est chargé de m'envoyer depuis 21 jours, n'eut été l'ange de Perse qui m'a bloqué, je serais venu depuis.

La mise en pratique de la parole de DIEU est la semence de la foi

La foi n'est pas abstraite, elle a sa source et sa fondation dans la parole que DIEU vous a donnée. C'est la mise en application de la parole de DIEU que vous avez reçue qui provoque la libération de la provision et de la puissance divine en votre faveur.

En effet, la seule chose que DIEU respecte et qui le fait lever, c'est sa parole, c'est la conformité de votre cœur ou de votre geste avec sa parole. Dès que vous passez à côté, vous êtes foutu. Il n'est pas du tout compliqué de prendre les choses chez DIEU. Il suffit de savoir ce qu'il a dit par rapport à votre besoin actuel et de le faire.

Si donc tu es une femme, tu fais exactement ce que DIEU a dit qu'on fait dans le mariage quand on est une femme. Et si tu es un homme, tu fais exactement ce qu'il a dit que le mari fait, la femme peut ne pas faire ce qu'elle doit faire, toi tu fais ce que toi tu dois faire. Il va s'occuper de la femme. Si vous êtes un mari et que vous voulez que tout marche bien pour vous dans votre mariage et que vos affaires prospèrent et consort, vous n'avez pas besoin de vous casser la tête, vous avez juste besoin de prendre soin de votre femme (**1 Pierre 3 :7**).

La parole de DIEU prévaut sur les réalités du monde physique (Mathieu 16 :8 ; Mathieu 8 : 26)

Voilà le problème que les chrétiens ont. Nous regardons notre environnement physique, nos réalités physiques au lieu de regarder ce que le maitre a dit, qui il a dit qu'il est ? Qu'est-ce qu'il a dit qu'il peut faire ?

La parole de DIEU est digne de confiance (Proverbe 30 : 5)

Quand vous trouvez une parole qui correspond au cœur de DIEU lié à votre besoin, sachez qu'elle est déjà éprouvée. C'est-à-dire que les gens l'ont déjà testée. DIEU l'a déjà réalisée dans la vie de beaucoup de personnes, elle se réalisera aussi dans votre vie. Vous n'avez pas besoin de vous casser la tête. Elle se réalisera dans votre vie.

La parole de DIEU se réalise toujours (Esaïe 40 :8)

La parole de DIEU ! Mangez là tous les jours, cherchez-là tous les jours, parlez-en avec DIEU tous les jours. Présentez lui sa propre parole et agissez selon sa parole, c'est ça la foi. C'est ça il reprochait, au père Abraham. Le père Abraham, n'a pas fonctionné selon la parole que DIEU lui a donnée dans **Genèse 12 :1-3**.

UN POTENTIEL ILLIMITE DANS UN VASE LIMITE !

Texte de base : 2Rois 4:1-7

Notre texte de base nous relate l'un des plus grands prodiges que l'Eternel DIEU d'Abraham, d'Isaac et de Jacob a accompli par le biais de son très grand serviteur Elisée.

LE DRAME DES ENFANTS DE DIEU.

Voilà un Homme qui a passé toute sa vie près d'un grand serviteur de DIEU, le prophète Elysée, celui qui a reçu la double onction du prophète Elie et qui pourtant est mort pauvre et endetté. Il n'était pas n'importe quel enfant de DIEU, il était un prophète, un porte-parole de DIEU et vivait au milieu d'autres prophètes. Et comme si ça ne suffisait pas, la parole de DIEU dit qu'il était un fidèle adorateur du Seigneur, il craignait l'Eternel (Il payait dîmes et offrandes, faisait des dons aux pauvres, …) .Mieux, sa femme, pendant qu'elle était en train de parler au grand prophète Elysée, tutoyait ce dernier et l'appelait par son nom ; cela sous-entend qu'elle et son mari étaient proches du prophète Elysée, pourtant son mari est mort endetté (2 Roi 4 : 1-2).

Constat : A la mort de ce prophète, sa femme s'est rendue chez le prophète Elisée et a pu régler son problème d'endettement.

Pourquoi le Monsieur a-t-il passé toute sa vie à côté d'Elysée sans que son problème de pauvreté soit résolu ?

1- Parce qu'il n'a pas cru devoir déranger DIEU et l'Homme de DIEU pour une question d'argent.
2- Parce qu'il n'a pas cru que l'onction qui repose sur le serviteur de DIEU peut régler un problème d'argent et donc, il a trouvé lui-même une solution, aller s'endetter : une volonté permissive de DIEU mais non absolu.
3- Parce qu'il n'a pas émis une demande sur l'onction du prophète Elysée.
   Et c'est ce que son épouse est allé faire : Mettre une demande de bénédiction financière sur l'onction du prophète Elysée **(2 Roi 4 : 1-2)**.

DEUX VUES DIFFERENTES, DES RESULTATS DIFFERENTS.

Pourquoi en côtoyant la même personne, le prophète et sa femme ont-ils eu des résultats différents ?

Ce prophète et sa femme ont eu des résultats différents avec le prophète Elisée car ils ont des vues différentes sur l'onction du prophète.

- Le mari ne pensait pas que le prophète pouvait régler son problème financier ;
- La femme croyait que le prophète pouvait régler son problème financier ;

LA NATURE DE DIEU

DIEU est omniscient et donc voyait bien la situation de pauvreté et d'endettement de son prophète, pourtant IL n'a rien fait pour l'en sortir. IL voyait aussi que cette femme était sur le point de perdre ses deux enfants mais il n'a pas non plus réagit.

Mais pourquoi n'a-t-il pas réagit ? Pourquoi DIEU s'est-il tu face à la situation du prophète et de sa femme ?

1- **DIEU n'est pas contrôlé par nos besoins ; nos besoins ne l'émeuvent pas, seule sa parole le fait lever.** Si nous la connaissons et que nous la lui présentons, il agira sur la base de cette dernière dans notre vie.

Dans **Marc 10:46-52** nous voyons le Seigneur Jésus demander à l'aveugle ce qu'il voulait qu'IL fasse pour lui. Le Seigneur Jésus voyait pourtant que cet homme était un aveugle alors pourquoi lui demander ce qu'il voulait qu'IL fasse pour lui au lieu de lui rendre la vue tout simplement ?

2- **DIEU n'agit pas comme les hommes le pensent. IL n'agit que sur notre demande sur son onction.**

Observons la réaction d'Elysée : Elysée dit : « que puis-je faire pour toi ? » **(1 Roi 4 : 1-2).** Donc Elysée n'a jamais réfléchit sur leur cas. Il n'avait même pas remarqué ce qui leur arrivait malgré son onction de prophète et sa proximité avec eux. Il a fallu que la dame attire d'abord son attention sur ce qu'elle vivait ; il a fallu qu'elle lui expose le problème avant qu'il ne se mette à réfléchir au cas de cette dernière.

Pourquoi donc son mari n'a pas su profiter d'Elysée ?

Il disait probablement dans son cœur qu'il est prophète et qu'Elysée aussi est prophète comme lui et que ça serait humiliant pour lui d'aller déranger ce dernier pour ses problèmes financiers. Il avait probablement honte de demander de l'aide au prophète Elisée. Il n'a pas cru que l'onction de DIEU sur la vie du prophète Elysée pouvait régler son problème.

LES CLES UTILISEES PAR LA FEMME DU PROPHETE POUR SE SORTIR D'AFFAIRE

1- La clé de la fidélité (2 Roi 4 : 1-2)
   C'est la fidélité du prophète qui a amené DIEU à agir par Elisée dans la vie de la femme. Dès que la dame a évoqué la fidélité de son mari, le serviteur de DIEU a eu un cœur favorable (2 Roi 4 : 1)
2- La spécificité de la demande mise sur l'onction d'Elysée
   Elysée : Que veux-tu que je fasse pour toi ?
   La dame : Je dois de l'argent (2 Roi 4 :1).
   Elle a été claire et spécifique ; elle a émis une demande financière sur l'onction du prophète Elisée.
3- La semence de la femme (2Rois 4 :2-6)

La femme a semé la petite quantité d'huile qu'elle possédait et l'obéissance aux instructions du prophète Elisée. Ses semences étaient donc l'huile et l'obéissance aux instructions du serviteur de DIEU.

4- L'humilité de la femme

Elle est retournée voir le prophète Elisée pour lui rendre compte (2Rois 4:7) et ce n'est qu'après ce compte rendu que le prophète Elysée lui a dit ce qu'elle doit faire avec l'huile.

Leçons :

- Vous devez apprendre à reconnaitre l'autorité établie sur vous et à lui rendre compte.
- Apprenez à rester simple et humble même après avoir été béni.

QUE DIEU VOUS BENISSE !

OSE ECRIRE L'HISTOIRE !

Texte de base : 2Rois 4:1-7

Notre texte de base nous parle d'un couple prophétique (mari et femme) dont l'homme était un disciple du prophète Elysée, le dernier disciple d'Elie. Notons qu'Elysée n'était pas parmi les élèves d'Elie et n'a jamais été à l'école prophétique, mais l'onction l'a rendu compétent de sorte qu'il a été établi à la tête de toutes les écoles de prophètes de son maître Elie. Le mari de la femme de notre texte de base étant autrefois lui aussi élève d'Elie est alors devenu disciple d'Elysée, le remplaçant d'Elie. Voilà donc un ancien qui est mort pauvre et endetté après avoir marché avec un nouveau qui par la souveraineté de DIEU a été son patron. A sa mort, sa femme est allé voir le même prophète Elysée une seule fois et sa vie a écrit une histoire : Une histoire qui donne de l'espoir à tous ceux qui la lise.

Constat : Le mari et la femme sont tous deux de véritables enfants de DIEU, fréquentant le même Homme de DIEU, mais leurs vies respectives n'ont pas écrit la même histoire. La vie du mari a écrit une histoire de lamentation, de honte, d'humiliation : Il a échoué, incapable de nourrir sa famille. Par contre, la vie de sa femme a écrit une histoire de gloire, de relèvement, d'abondance et d'accomplissement.

Leçon: L'identité n'est pas synonyme de compétence. De même, La grâce est différente de la compétence. La compétence s'acquiert, l'identité et la grâce sont données.

Vous devez donc travailler les grâces que vous avez reçues du fait de votre identité d'enfant de DIEU (**2 Timothée 1 : 6 ; Galates 4 :1**). N'attendez pas que les épreuves viennent avant d'acquérir les compétences. L'église souffre d'un cancer. Les gens pensent qu'ils vont réussir parce qu'ils sont enfants de DIEU, payant dîmes et offrandes : C'est du mensonge ! Ils se disent : nous avons la grâce donc nous avons l'accomplissement ; c'est faux ! Ce n'est pas parce que vous êtes enfants de DIEU que vous êtes compétents.

Le prophète de notre texte de base n'a pas réussi parce qu'il n'a pas ajouté la compétence à sa vie. Il n'a pas travaillé sa grâce de sagesse, la femme a travaillé sa grâce de sagesse. Elle a donc ajouté la compétence à son identité d'enfant de DIEU, raison pour laquelle, elle a réussi.

Faite une liste de vos dons et commencez à les développer.

Exemples de compétences à acquérir pour jouir de certaines grâces

> **La journée : Psaume 118 : 24**

C'est DIEU qui fait le jour, mais c'est vous qui meublez la journée. C'est vous qui décidez que votre journée sera une journée d'allégresse. La grâce se trouve dans le fait que DIEU vous a réveillé, la sagesse se trouve dans le fait que c'est vous meublez la journée, c'est vous qui décidez que votre journée sera bonne.

> ## Héritage : Galates 4 : 1

Dès que nous devenons enfants de DIEU, nous recevons un héritage en Christ mais nous voyons dans Galates 4 : 1 que la clé pour jouir de cet héritage, c'est la maturité. La maturité est l'une des clés du royaume. Ce n'est pas la faute de DIEU ou de vos parents si vous n'êtes pas mature, c'est vous qui n'avez pas voulu assimiler l'éducation. La décision d'être mature vous revient.

> ## Part d'héritage : Psaume 2 : 7-9

Nous voyons dans Psaume 2:7-9 que Dieu est prêt à nous donner ce que nous désirons. La grâce nous donne donc droit à tout mais c'est à nous de prendre la part d'héritage que nous voulons.

> ## Le repos : Mathieu 11 : 28-29

Une chose est d'avoir le salut, une autre chose est d'avoir le repos. Pour avoir le repos, il vous faut l'instruction. Si vous voyez quelqu'un souffrir dans un domaine, sachez qu'il n'a aucune instruction dans ce domaine. DIEU nous donne du repos à condition que nous recevions ses instructions.

> ## Profondeur des bénédictions de DIEU sur votre descendance : Genèse 11 : 1-3 ; 2 Rois 10 : 28- 30

Dans **2 Rois 10:28-30** et dans **Genèse 12:1-3**, nous voyons DIEU bénir respectivement Jéhu et le père Abraham. Mais nous voyons que la bénédiction de l'un s'étend sur quatre générations tandis que la bénédiction de l'autre s'étend à perpétuité. C'est vous qui décidez de la profondeur des bénédictions de DIEU sur votre descendance selon votre fidélité. La clé pour laisser de puissants héritages à vos enfants, c'est la fidélité dans votre marche avec DIEU. La fidélité dans notre marche avec DIEU détermine notre niveau de bénédiction et celle de nos descendants.

C'est à nous d'écrire notre histoire. Nous sommes co-ouvriers avec DIEU. Nous devons donc collaborer avec LUI pour écrire notre histoire. Vous êtes bloqués parce que vous ne savez pas que vous êtes collaborateurs avec DIEU pour l'accomplissement de votre destinée. DIEU a un bon plan pour chacun de nous, mais aussi longtemps que vous n'allez pas vouloir la réalisation de ce plan, il ne s'accomplira pas. C'est à vous de décider que vous ne voulez plus être pauvre.

QUE DIEU VOUS BENISSE !

Conclusion

Le Royaume de DIEU est à la portée de tous ceux qui choisissent de le chercher avec foi, obéissance, et discernement. Chaque clé révélée dans cet ouvrage est une invitation à vivre selon la volonté divine et à expérimenter une relation personnelle avec DIEU. Que vous soyez en quête de paix, de prospérité, ou de direction divine, souvenez-vous que tout est possible à celui qui croit et agit en harmonie avec les lois célestes. Que le Seigneur vous bénisse et vous accorde les clés de son Royaume afin que vous puissiez exercer pleinement votre autorité sur cette terre.

Résumé

La saison des clés du royaume de DIEU explore principalement comment vivre une vie alignée avec les principes divins du Royaume. À travers une série d'enseignements riches en révélations bibliques, sont mises en lumière les clés spirituelles qui permettent d'ouvrir les portes du ciel, d'activer la provision divine, et de manifester l'autorité céleste sur terre. Chaque enseignement est une exhortation à appliquer les vérités bibliques dans le quotidien du croyant, pour une vie d'abondance, de victoire, et de grâce.

Pasteur Principal de la MMO: Pasteur, Dr Michel Mahougnon GOUTHON

<u>SOMMAIRE</u>

N°	DATES	THEMES	Page
10.	JEUDI 05 OCTOBRE 2023	C'EST A TOI DE PRENDRE LA DECISION!	33
11.	JEUDI 12 OCTOBRE 2023	PROVOQUE TA RICHESSE!	36
12.	JEUDI 19 OCTOBRE 2023	FAIS LE CHOIX DE DEVENIR RICHE!	39
13.	JEUDI 26 OCTOBRE 2023	FAIS LE CHOIX DE DEVENIR RICHE!	41
14.	JEUDI 02 NOVEMBRE 2023	FAIS LE CHOIX DE DEVENIR RICHE!	43
15.	JEUDI 09 NOVEMBRE 2023	CAR IL T'A DIT DE DOMINER LA TERRE!	45
16.	JEUDI 16 NOVEMBRE 2023	REVENONS A L'EVANGILE DE CHRIST!	47
17.	JEUDI 23 NOVEMBRE 2023	TU PEUX SORTIR DE LA PAUVRETE!	50
18.	JEUDI 30 NOVEMBRE 2023	QUE VA T-IL TE DONNER POUR CETTE NOUVELLE ANNEE?	54

La guerre de l'autonomie financière est une guerre que toute personne qui devient enfant de DIEU doit mener. En réalité, être né de nouveau vous rend libre mais si vous n'êtes pas financièrement libre vous n'êtes pas vraiment libre. Donner sa vie au Seigneur n'est pas synonyme de devenir riche, il y a d'autres conditions à remplir pour jouir de l'abondance financière. La preuve est que le Seigneur JÉSUS-CHRIST lui même affirme qu'il y aura toujours des pauvres au sein du peuple de Dieu **(Mathieu 26:11; Deuteronome 15:11).** La richesse est extrêmement importante dans la vie d'un être humain. La Parole de DIEU dit dans Ecclésiaste 10: 19: *"Les grands préparent un repas pour se divertir, le vin leur rend la vie gaie et l'argent leur permet de tout obtenir"*. (Ecclésiaste 10: 19 BFC, *Et l'argent répond à tout.* (Ecclésiaste 10: 19c LSG).

En effet une grande partie des problèmes que rencontrent les Hommes en géneral et les enfants de DIEU en particulier, provient du manque d'argent.

Dieu n'est-il pas le propriétaire de l'or et de l'argent? Ne sommes nous pas héritiers des benedictions d'Abraham grâce au Seigneur JÉSUS-CHRIST?

Alors pourquoi la pauvreté continue-t-elle de dicter sa loi au sein du peuple de DIEU? Pourquoi certains sont-ils riches et d'autres ne le sont-ils pas? Quelles sont les lois auxquelles obéit l'argent? Quelles conditions faut-il remplir pour jouir de l'abondance financière. Quels sont les principes du Royaume de DIEU pour être riche? Comment acquérir, garder et accroitre sa richesse?

Le but de cette saison est de vous apprendre à libérer et à jouir de l'abondance financière et matérielle qui est notre part en tant que citoyens du ciel et descendants d'Abraham selon l'ordre de **Galates 3:13-14.**

C'EST A TOI DE PRENDRE LA DECISION!

Texte de base: Deutéronome 8:17-18

Notre texte de base est une partie des dernières paroles du très très grand prophète Moïse de la part de DIEU aux enfants d'Israël avant leur entrée à Canaan (NB: Sous la nouvelle alliance, Canaan représente le salut). Ce texte nous révèle la manière dont DIEU rend un Homme riche.

1- La richesse est une conséquence de l'alliance avec DIEU

Dieu vous rend riche pour confirmer l'alliance qu'il y a entre vous et lui.

Deutéronome 8:18

Dans tout royaume, la richesse découle d'une alliance. Il peut s'agir d'une alliance bonne ou mauvaise, avec l'unique vrai DIEU ou avec une divinité. Dans le Royaume de DIEU, la richesse est un cadeau que DIEU donne à celui qui respecte son alliance **(Deutéronome 8:17-18).** Dieu vous donne la richesse afin que les autres voient et sachent qu'il est bon de suivre DIEU.

Exemples de personnages bibliques ayant jouit de la richesse par l'alliance

- ☞ ABRAHAM: Sa part d'alliance a été de **quitter** son pays et sa parenté et d'aller s'installer à Canaan **(Genèse 12: 1-3).**

- ☞ ISAAC: Sa part d'alliance a été de **rester** sur la terre de Canaan **(Genèse 26: 1-2).**

- ☞ JACOB: Sa part d'alliance a été de **revenir** au pays, sur la terre de Canaan.

- ☞ SALOMON: DIEU a donné à Salomon la richesse et la gloire quand ce dernier a amené DIEU à entrer en alliance avec lui **(1 Rois 3: 9-13).**

NB: L'alliance est **personnelle** avec DIEU: ABRAHAM, ISAAC et JACOB ont fait la même alliance avec Dieu mais ils n'ont pas eu le même engagement avec Dieu.

La Parole de Dieu dit dans **Mathieu 6: 33** que si vous vous préocccupez du Royaume de DIEU et de Sa Justice, vous serez béni.

2- La richesse s'acquiert (Deut 8:17-18).

Même si c'est pour confirmer l'alliance, la richesse s'acquiert.

Car c'est lui qui te donnera de la force pour les acquérir... **Deutéronome 8:18:**

Mais si la richesse s'acquiert, comment alors est-ce un don de Dieu? Pourquoi Dieu dit-il encore que c'est un cadeau?

En effet, quand Dieu veut confirmer son alliance avec vous, IL vous donne des opportunités, il vous dirige et vous ouvre des portes afin que vous puissiez acquérir ces richesses.

Par quel moyen acquiert-on la richesse?

3- La richesse s'acquiert par la force.

Car c'est lui qui te donnera de la force pour les acquérir... **Deutéronome 8:18:**

Qu'est-ce que Dieu met dans la force?

IL parle de tout ce qui vous rend joyeux et infatigable: la connaissance, l'information, la technologie, la methodologie, la santé, la sagesse, etc. Ceux qui ont ces choses sont riches.

Pourquoi faut-il de la force pour acquérir la richesse?

4- La richesse s'aquiert par la force parce qu'elle est cachée.

Dieu Lui-même a caché la richesse (Ex: l'or, le pétrole, les perles qui se trouvent en profondeur de la terre ou de la mer). Toutes les richesses sont cachées y compris le royaume de Dieu (le Salut) qui est la plus grande richesse. Pour être sauvé, vous devez sérieusement chercher DIEU **(Mathieu 13: 44-46).** Seuls ceux qui sont forts et violents deviennent riches. La richesse se gagne. Si donc vous voulez avoir la richesse, vous devez tout faire pour l'acquérir car la richesse n'est pas bon marché.

Où est votre force? Ou sont vos moyens? Avec quoi voulez-vous gagner de l'argent?

Cette force pour acquérir la richesse, DIEU l'a cachée dans **des lois, dans des règles et des principes.** "…. *Je te donnerai des trésors cachés, Des richesses enfouies, Afin que tu saches Que je suis l'Eternel qui t'appelle par ton nom, Le Dieu d'Israël".* **(Esaie 45: 1-3)**

Quelles lois maitrisez-vous? Quels principes maitrisez-vous?

Ceux qui désirent devenir riches doivent chercher comment on fait pour devenir grand. Ils doivent aller chercher **les lois et principes de la richesse.**

Exemples:

☞ Un salarié ne deviendra jamais riche, un salarié c'est un ouvrier.

☞ C'est dangereux de se rebeller contre la source de sa benediction après avoir été béni.

Quand Dieu **décide** de vous rendre riche, il vous **enseigne** aussi comment faire pour devenir riche. **(Esaie 48: 17-18).** En effet, à moins que Dieu decide de vous rendre riche, vous ne trouverez jamais le bout du tunnel qui mène à la richesse, vous n'aurez la grâce ni d'appliquer ni de comprendre le plus petit principe de la richesse et l'ennemi lui même s'assurera de vous fermer l'accès à la richesse.

Résumé

5- La richesse est la confirmation de l'alliance

6- La richesse s'acquiert

7- La richesse s'aquiert par la force

8- La richesse s'aquiert par la force parce qu'elle est cachée

Dieu donne la richesse afin de faire quoi?

Confirmer l'alliance!

Voulez-vous devenir riche?

Si oui, alors entrez en alliance avec DIEU et que Dieu vous bénisse abondemment!

PROVOQUE TA RICHESSE!

__Texte de base:__ Job 28:1-2

Nous avons vu précédemment qu'à moins de faire une alliance avec DIEU vous ne serez jamais riche. Notre héritage en Christ selon **Galate 3: 13-14** fait de nous des riches et selon **Deutéronome 28: 15-68**, la pauvreté est une malédiction de la loi. La richesse a donc une dimension spirituelle. Mais nous verrons dans la suite que la richesse à plusieurs autres dimensions.

Notre texte de base nous parle de là (le lieu) où on trouve la richesse.

1. La Richesse est cachée

Les pierres précieuses sont la manifestation physique de la richesse et Dieu les a souverainement cachées dans les tréfonds de la terre. La richesse est donc cachée. Pour comprendre, il vous suffit d'aller à Perma (nord Bénin) et vous verrez comment les gens souffrent et mettent leur vie en danger pour extraire de l'or.

Mais pourquoi DIEU cache-t-il la richesse aux Hommes qu'il aime si tant?

Parce que celui qui a la richesse a le pouvoir. DIEU a mis l'argent au dessus de tout après lui-même, la richesse permet de pratiquement tout obtenir (Eccl 10: 19c). Or, on va à la conquête du pouvoir, il s'acquiert et donc, pour entrer en possession de la richesse, DIEU veut que vous alliez à sa conquête, que vous livriez des batailles et que vous gagniez des guerres. Pour ce faire, Dieu a caché la richesse dans des endroits hostiles, invivables, où l'accès est très difficile et où il y a du feu.

2. La Richesse a une dimension mentale.

Puisque la richesse est cachée, comment faire pour la trouver?

Il faut oser!!!

Il faut être audacieux et s'attaquer aux roches et à toutes les formes de barrières ou d'obstacles qui peuvent vous empêcher d'y accéder. **(Job 28: 9-11)**

Mais dans quelle partie de l'être humain se situe la capacité ou la faculté d'oser? Où le processus se déclenche t-il?

Dans la tête!!! Ca commence dans la tête!!

La richesse a donc une dimension mentale.

Devenir riche impliquera d'abord votre esprit et votre âme avant d'impliquer votre corp. Ceux qui deviennent riches ont un mental d'acier. Ils sont prêts à tout sacrifier pour atteindre leurs objectifs, Ils s'en foutent de ce que ca peut leur coûter car la richesse vous demandera tout. Ceux qui cherchent l'argent marchent sur une corde raide: Un client peut vous lâcher du jour au lendemain le risque de faire un AVC.

Qu'est-ce que tout ceci implique?

3. La richesse nécessitie un désir ardent

La richesse exige beaucoup de sacrifices et donc pour l'avoir, vous devez la désirer ardemment. C'est cela même la semence de votre richesse. C'est votre désir ardent que vous allez mettre en terre pour récolter la richesse.

En effet, tout accomplissement commence par un désir, même le péché **(1 Thessaloniciens 4: 3-5; Jacques 1:13-14)**. Il y a des bons et des mauvais désirs. Le mauvais désir conduit au péché (Ex: immoralité sexuelle) et donc à la destruction et le bon désir vous conduira dans votre accomplissement. Les riches ont d'abord appris à developper un désir ardent. Vous devez savoir ce que vous voulez devenir demain et cette vision créera en vous un désir ardent et de ce désir ardent vous puiserez l'énergie nécessaire pour réaliser votre but. En réalité, le désir nait d'un besoin et engendre l'énergie nécessaire à la satisfaction de ce dernier.C'est l'intensité du désir que vous avez qui determine votre endurance dans le parcours.

Comment développe-t-on un désir ardent?

Pour avoir un désir ardent, Il faut être emballé par un niveau élevé d'accomplissement.

Considérez la promesse que DIEU a faite à Abraham et dont la description de l'accomplissement lui a donné la motivation de marcher vers son accomplissement et la force d'abandonner toute sa famille **(Genèse 12: 1-5)** .Considérez encore les paroles que l'Eternel lui adressa dans **Genèse 13: 14-15**: ces paroles avaient pour but de developper en lui un désir ardent, de lui donner un mental fort et le courage de continuer même après que son neveu Loth se fut séparé de lui. Dans **Genèse 15:5**, l'image des innombrables étoiles dans le ciel lui a donné une idée de la grandeur de ce que Dieu s'apprêtait à accomplir dans sa vie et a permis de renforcer en lui le désir de voir la promesse se réaliser.

Quelques raisons d'avoir un désir ardent:

☞ Le désir ardent vous fixera sur le but et vous fera percevoir constemment votre destination;

☞ Le désir ardent vous rapprochera de votre accomplissement;

☞ Le désir ardent protègera votre mental contre toute attaque de découragement;

AVOIR UN OBJECTIF

Pourquoi voulez-vous être riche?

La parole de Dieu dit dans **Proverbe 20: 21** que l'argent que vous gagnez très tôt ne vous est d'aucune utilité, au contraire, il vous détruit. C'est la raison pour laquelle la plupart des héritiers perdent leur heritage, gaspillent leur richesse et finissent pauvres. Il en est ainsi parce qu'ils n'assignent aucun objectif aux biens dont ils ont hérités.

Donc, pour avoir de l'argent et pour le garder il faut d'abord avoir un objectif. Autrement dit, l'argent qui vient sans objectif s'envole. Ceux qui deviennent riches ont d'abord des objectifs.La richesse que vous obtenez sans objectif vous rendra malade: C'est le cas du roi Salomon à qui DIEU a donné une richesse qu'il n'avait pas demandé, cette richesse l'a rendu fou.

PLANIFIER

Il ne suffit pas d'avoir un objectif pour conserver sa richesse, il faut aussi une planification stratégique et bien elaborée. En effet l'argent n'est pas disponible tout le temps, il vient par saison.

Que DIEU vous bénisse abondemment!

FAIS LE CHOIX DE DEVENIR RICHE!

Texte de base: 2 Corinthiens 8:9

Notre texte de base de base nous révèle que le Seigneur JÉSUS-CHRIST était un Homme riche. Plusieurs faits nous en donnent la preuve:

En effet, grace à tous les miracles extraordinaires qu'il avait la capacité d'accomplir (Changer de l'eau en un vin de qualité excellente (Jean 2 : 7-11)) ; Guérir miraculeusement des malades (Jean 4 :46-54) ; Réveiller des morts (Jean 11) ; etc.), le Seigneur JÉSUS-CHRIST était non seulement à l'abri du manque, mais il pouvait aussi amasser une richesse inestimable s'il le voulait ; il lui suffisait de prendre la décision de se faire rémunérer pour chaque problème qu'il résolvait.

N'était-il pas conscient de tous ces atouts qu'il possédait pour engranger une richesse incalculable?

Oui, il en était conscient; mais Il a renoncé à cette opulence afin que nous ayons le privilège de la manifester, nous qui avons cru **(2 Cor 8 :9)**. La parole de Dieu nous exhorte dans **(Hébreux 12:2)** à toujours avoir nos regards fixés sur le Seigneur JÉSUS-CHRIST qui est notre modèle. Si donc nous voulons être riches nous devons imiter le Seigneur Jésus-Christ.

Mais comment le Seigneur JÉSUS-CHRIST a-t-il fait pour devenir autant riche?

L'une des clés du Seigneur JÉSUS-CHRIST pour devenir riche se trouve dans **Jean 5: 19-20.** Tout le temps, il regarde, apprend et reproduit ce qu'il voit son Père faire. Dans le langage humain on dira qu'il était sous le mentorat de son Père.

Qu'est-ce que le mentorat?

Le mentorat désigne une relation interpersonnelle de soutien, une relation d'aide, d'échanges et d'apprentissage, dans laquelle une personne d'expérience, le mentor, offre sa sagesse acquise et son expertise dans le but de favoriser le développement d'une autre personne, le mentoré, qui a des compétences ou des connaissances à acquérir et des objectifs professionnels à atteindre.

Le mentorat consiste à se mettre sous la tutelle de quelqu'un qui par sa créativité, son expertise, son travail a été couronné de succès dans le domaine d'activité qui vous intéresse et est devenu riche.

Le mentor est tout pour vous, il met son expertise et ses relations à votre disposition. Le mentorat est le chemin le plus rapide pour atteindre la richesse. C'est une grâce exceptionnelle que Dieu vous fait en vous mettant à coté de quelqu'un qui est déjà riche.

Dans quel domaine voulez-vous réussir?

Trouver quelqu'un qui a réussi dans le même domaine; mettez-vous à son école

Et Que DIEU vous bénisse abondamment!

FAIS LE CHOIX DE DEVENIR RICHE!

Texte de base: 2 Samuel 22:35

Notre texte de base est un extrait de l'adoration que le roi David adressa au Seigneur quand celui-ci l'eut délivré de tous ses ennemis, en particulier de Saul. Il révèle dans ce texte que c'est DIEU lui-même qui l'entraine au combat.

Nous constatons que bien avant que David n'affronte Goliath, il avait déjà des prédispositions pour le combat. En effet, par les différents défis auxquels il avait été confronté pendant qu'il était encore berger, DIEU le formait déjà à la guerre **(1 Samuel 17: 34)**.

Mais pourquoi fut-il incapable de marcher avec l'armure de guerre que lui a donnée le roi Saül pour combattre Goliath, bien qu'il ait été formé par DIEU lui-même?

Il fut incapable de marcher avec l'équipement militaire du roi Saul parce qu'il n'était pas entrainé **(1 Samuel 17: 38-39)**.

Leçon à tirer: En dehors des dons et talents que DIEU vous donne naturellement, il y a ce que les Hommes doivent vous donner par le biais d'un mentorat.
Pour l'accomplissement de sa destinée, David a eu la grâce d'avoir deux mentors (Saul et Jonathan: **1 Samuel 18: 1-4**) et le mentorat a fait de lui le meilleur (**1 Samuel 18: 5**).

Pourquoi est-ce nécessaire de se mettre sous un mentor?

Le mentorat vous donne la possibilité de faire de la vue de quelqu'un d'autre le début de votre vision et de faire de tout ce qu'il a accompli le début de votre accomplissement. Cela vous permet de monter sur les épaules de quelqu'un d'autre pour voir plus loin.

Comment trouver un mentor?

-   Etre consacré et soumis à DIEU. C'est DIEU en effet qui donne de vrais mentors et c'est lui qui en a donné à David.

-   Avoir foi en vous-même. Pour devenir riche, vous devez croire que vous êtes appelé à être riche. Cette foi vous permettra de commencer à penser, réfléchir et agir comme un riche **(Romain 12: 1-2; Romain 10: 8).**

-   Croire en votre mentor et l'aimer comme votre vie. Pour qu'il y ait transfert de votre mentor vers vous, vous devez non seulement croire en lui mais aussi l'aimer profondément. David aimait tellement Saul qu'il a pleuré à sa mort.

    Que DIEU vous bénisse!

CULTE D'ENSEIGNEMENT DU JEUDI 02 NOVEMBRE 2023

FAIS LE CHOIX DE DEVENIR RICHE!

Texte de base: Nombre 10: 29-32

Notre texte de base nous parle du départ du peuple d'Israël du mont Sinaï pour Canaan.

Moïse était un oint de DIEU, il était plus instruit et plus puissant que Obab.DIEU était avec le peuple d'Israël et c'est Lui-même qui les conduisait **(Nombres 10:32)**. Pourquoi alors Moïse sollicite-t-il l'aide d'Obad?

Pourquoi Moïse a-t-il besoin d'Obad?

Moïse était certe plus grand qu'Obab mais Obad avait plus d'expérience que lui dans le desert. Ce dernier avait déjà eu à faire le parcours et connaissait les coins et recoins du desert. En effet, Dieu vous dit juste là ou il veut vous amener, mais il prépare des gens qui ont deja fait le chemin pour vous guider. **Sur le chemin de la grandeur, rien ne s'invente, on part de l'expérience de quelqu'un qui a déjà fait le parcours.**

Quelles sont les clés qui ont permis à Moïse de profiter de l'expérience d'Obab?

1- L'humilité

Si vous voulez aller en un lieu que vous ne connaissez pas, la sagesse recommande que vous alliez chercher quelqu'un qui connait le chemin pour vous guider et c'est cette sagesse qui enfante l'humilité.

Pour trouver un mentor il faut avoir beaucoup d'humilité. Il est pratiquement impossible à quelqu'un qui manque d'humilité d'avoir un mentor. Obab était autonome mais Moïse aussi était autonome et de surcroit était plus grand qu'Obab; cependant il a du se rabaisser pour profiter de l'expérience et de l'aide d'Obab. Si donc vous voulez devenir grand, vous devez cultiver l'humilité. Par ailleurs, l'humilité est le grade le plus élevé dans le royaume spirituel.

En effet, ca coute à un mentor de porter un mentoré et de lui montrer le chemin. C'est la raison pour laquelle Obad a décliné l'offre de Moïse. Le mentor peut refuser de vous aider car il n'est pas obligé. Vous devez donc faire preuve de beaucoup d'humilité et de patience. **(Proverbe 18:12; Proverbe 29:23; Proverbe 22:4)**

2- Le dévouement :

Être dévoué à quelqu'un, c'est se consacrer totalement et sincèrement à cette personne. (**2Timothée 2:20-21; 2Timothée 3:10-14**).Le mentorat exige une consécration totale et sincère à la personne du mentor et à l'activité que vous voulez apprendre. Si le mentor remarque une faille dans votre devouement, il va vous smatcher et vous fermer la porte de son coeur.

Le dévouement consiste à être constant dans vos engagements; dans vos paroles; dans vos relations; et dans le type de modèle que le mentor est pour vous (**2Timothée 1:13-14**). Ce ne sont pas tous ceux qui commencent le mentorat qui finissent (**2Timothée 4:9-10**)

En suivant les traces d'un mentor, on finit par être comme lui. Pour cela, vous devez regarder chez votre mentor les traits de caractères qui lui ont permis de reussir. Vous devez faire le sacrifice de passer du temps avec lui. En effet, la vie est trop courte pour que vous soyez en train de changer de mentor, choisissez un modèle et restez constant. Pour que le transfert s'opère entre vous et votre mentor, vous devez vraiment être attaché à lui. Si vous restez soumis, attaché à votre mentor, vous deviendrez exactement comme lui. (**1Timothée 1:2-4; 1Timothée 4:6**)

3- La reconnaissance:

Vous devez toujours témoigner de votre reconnaissance envers DIEU et envers votre mentor. En tant que mentoré, vous devez partager avec le mentor les fruits de ce qu'il a semé en vous et l'honorer (**Nombres 10:29-32**)

Restez donc éternellement reconnaissant envers votre mentor, de peur que tout ce que vous avez eu de lui ne se détruise.

Que Dieu vous bénisse!

CAR IL T'A DIT DE DOMINER LA TERRE!

<u>Texte de base:</u> Genèse 1: 26-28

Notre texte de base nous révèle notre origine et la raison de notre existence. Nous sommes nés du désir de DIEU.

Question 1: Pourquoi DIEU nous a-t-il créé?

Réponse 1: DIEU nous a créé pour que:

- nous nous multiplions;

- nous nous étendions;

- et que nous dominions la terre et tout ce qu'elle contient.

Question 2: Que veut dire dominer la terre selon DIEU?

Réponse 2: Selon DIEU, dominer la terre, c'est:

1- Bien observer la terre et prendre conscience des ressources dont elle dispose;

2- Puiser les ressources de la terre, les transformer, les combiner, les façonner et les modeler afin de satisfaire nos besoins et ceux de nos semblables;

En un mot, **ENTREPRENDRE.** L'identification des ressources, leur transformation, leur combinaison et leur modelage, c'est cela l'entreprenariat.

Dieu avant de nous créer a deja pourvu à notre richesse et donc à la satisfaction de tous nos besoins, mais il veut que nous soyons entrepreneur pour jouir de cette richesse. Dieu n'a jamais créé l'être humain pour qu'il soit salarié. Dans l'entendement divin, il n'y a qu'une seule voie pour devenir riche: l'entreprenariat **(Deutéronome 28:8; Deutéronome 28: 12).** Devenir riche n'est donc pas la consequence de notre obéissance. On peut être enfant de Dieu obeïssant et ne pas être riche tandis des païens sont riches parce qu'ils entreprennent.

Dans la bible, Il y a trois categories de riches:

1- Ceux qui ont leur richesse dans la main: **les salariés**

Ce sont des pauvres, des mercenaires, ils vendent leur vie pour avoir de l'argent. Etre salarié est une insulte. **Deutéronome 24:14; Lévitique 19:13; Nombres 18:30-31; Job 7:2**

2- Ceux qui ont leur richesse dans des paniers: ce sont les **propriétaires de PME** (Petites et Moyennes Entreprises) **Deutéronome 28:5.**

3- Ceux qui ont leur richesse dans des greniers: **ce sont les propriétaires de grandes entreprises. Deutéronome 28:8**

Question 3: Pourquoi DIEU veut-il que nous entreprenions?

Réponse 3: DIEU sait que le salaire ne peut pas subvenir aux besoins de quelqu'un à qui IL a dit de se multiplier. Le salaire ne peut pas lui permettre de dominer, d'être celui qui prête aux autres **(Deutéronome 28:12-13).**

Question 4: Comment fait-on alors pour entreprendre?

Réponse 4: Pour entreprendre il faut:

1- Vouloir(la volonté, une foi ferme, une conviction ancrée): **1Jean 5:4**

2- Faire le choix(choisir d'entreprendre et donc de devenir riche): **Psaume 51:14; Proverbe 1:32; Deutéronome 1:19; Job 23:12**

3- Se mettre à l'école de ce qu'on veut faire (l'expérience): **Psaume 119:173; Proverbe 1:28-29**

4- S'exercer **(Deutéronome 8:3; Deutéronome 32:7).**

En entreprenariat, on apprend à jeûner avant de manger.

Que DIEU vous bénisse abondemment!

CULTE D'ENSEIGNEMENT DU JEUDI 16 NOVEMBRE 2023

REVENONS A L'EVANGILE DE CHRIST!

<u>Texte de base:</u>   **Mathieu 10: 5-15**

Notre texte de base nous parle de l'envoi en mission d'évangélisation des disciples du Seigneur JÉSUS-CHRIST par leur Maitre.

1ere observation : L'évangile n'est pas pour tout le monde.

C'est uniquement pour les brebis perdues du peuple d'Israël. **Mathieu 10 : 5-6**

L'apôtre Paul sous l'inspiration du Saint-Esprit va plus loin en disant que c'est pour ceux qui sont choisis d'avance et qui peuvent se soumettre au processus du salut. **Romain 8 :28-30**

Révélation : Quiconque est né de nouveau est un privilégié.

Leçon : N'apportez pas l'évangile à n'importe qui mais uniquement à des gens qui ont faim et soif de connaitre DIEU.

2ème observation : L'évangile n'est pas bon marché.

Le disciple qui annonce l'évangile paye un prix élevé.

Il ne doit rien prendre pour partir. Il doit tout quitter : ses parents, sa femme, ses enfants, ses affaires, … . Il s'agit là d'un prix élevé.

Celui qui reçoit l'évangile doit payer un prix tout aussi élevé.

Celui qui reçoit l'évangile doit prendre totalement en charge celui qui lui apporte cet évangile. Quel prix énorme! **Mathieu 10 : 9-11**

Les gens n'expérimentent pas la puissance de DIEU car ils ne considèrent pas l'évangile de DIEU à sa juste valeur.

Question 1 : Pour quoi celui qui reçoit le disciple qui lui annonce l'évangile est-il obligé de payer un prix si élevé ?

Réponse 1 : Celui qui reçoit celui qui lui annonce l'évangile paye le prix du service qu'on lui offre.

Il s'agit de :

1- L'annonce de la bonne nouvelle du royaume ;

2- La guérison ;

3- La résurrection des morts ;

4- La délivrance ;

5- La purification des lépreux.

Le Seigneur JÉSUS-CHRIST exige un prix aussi élevé parce qu'il sait que le service que veulent offrir ses disciples, personne d'autre ne peut l'offrir et que ceux qui en reconnaitront la valeur ne peuvent pas ne pas l'acheter ; aucune personne sensée ne peut refuser ce service.

Question 2 : Quel type de service ou de produit devez-vous offrir pour que les gens soient obligés de l'acheter chez vous ?

Réponse 2 :

1- Il doit répondre à un véritable besoin.

2- Il doit être utile.

3- Il doit être pertinent, c'est-à-dire indispensable.

4- Il doit être actuel,

C'est-à-dire que votre service ou produit doit résister à l'épreuve du temps, il doit répondre à un besoin actuel. Les gens auront toujours besoin de l'évangile.

5- Il doit être efficace

6- Il doit être efficient,

C'est-à-dire qu'il doit donner satisfaction dans les plus brefs délais et de manière optimale.

7- Il doit être incontournable, immanquable.

Le service qu'offraient les disciples du Seigneur JÉSUS-CHRIST était incontournable : lorsque vous le recevez, vous êtes béni ; si vous le rejetez, vous êtes maudit.

Mathieu 10 : 11-14

Si nous revenons à l'évangélisation comme le Seigneur JÉSUS-CHRIST nous l'ordonne, nous saurons comment on gagne l'argent.

Question 3 : Voulez-vous devenir riche ?

Réponse 3 : N'ajoutez pas vos batailles à celles des autres, trouvez un besoin et apportez-y une solution remplissant les critères cités précédemment et l'argent se mettra à courir derrière vous.

Que DIEU vous bénisse !

TU PEUX SORTIR DE LA PAUVRETE!

Texte de base: Mathieu 26: 11

Notre texte de base est l'une des grandes révélations que le Seigneur Jésus a donné aux Hommes sur la terre.

Constat 1: Les disciples étaient tous les jours avec le Seigneur JÉSUS-CHRIST mais ils n'avaient pas la même mentalité que Lui en ce qui concerne l'argent **(Mathieu 26:6-11).**

Question 1: Sur quoi le Seigneur JÉSUS-CHRIST et les disciples ne s'entendait-ils pas?

Réponse 1: Ils ne s'entendaient pas sur l'orientation et sur la gestion de l'argent.

Les disciples étaient indignés car ils estimaient que l'acte posé par cette femme était du gâchis. Selon eux, ce parfum aurait pu être vendu très cher et l'argent aurait pu être utilisé pour faire des dons aux pauvres, et donc finalement destiné à la consommation. Or le Seigneur JÉSUS-CHRIST avait une tout autre de vision de l'acte posé par la femme, il considérait l'acte posé par cette femme comme un bon investissement: En agissant ainsi, elle préparait le Seigneur JÉSUS-CHRIST pour la tombe et à cause de cet acte, elle sera connue de sa génération et de toutes celles à venir.

Constat 2: Dieu est le propriétaire de l'or et de l'argent **(Agée 2:8)** et nous sommes des héritiers des bénédictions d'Abraham grâce à l'oeuvre du Seigneur JÉSUS-CHRIST à la croix **(Galates 3: 13-14).** L'une des raisons de la venue du Seigneur JÉSUS-CHRIST était de nous sortir de la pauvreté, ca faisait partie de son cahier de charge **(Luc 4: 16-23; Esaïe 61).** Pourtant, Le Seigneur JÉSUS-CHRIST lui-même dit qu'il y aura toujours des pauvres au milieu du peuple de Dieu.

Lecon à tirer: Donner sa vie au Seigneur n'est pas synonyme de devenir riche. En dehors du fait d'être enfant de Dieu, il y a d'autres conditions à remplir pour devenir riche.

Question 2: Pourquoi le Seigneur JÉSUS-CHRIST déclara-t-IL à ses disciples qu'il y aura toujours des pauvres parmi eux?

Réponse 2: Le Seigneur Jésus leur a fait cette affirmation à cause de leur culture, de leur entendement et de leurs pratiques en ce qui concerne l'argent. Aussi longtemps qu'ils garderont la même mentalité, ils demeureront pauvres.

Quelle est la difference entre un pauvre et un riche?

La difference entre un pauvre et un riche, ce n'est pas la disponibilité de l'argent mais l'affectation de l'argent, l'usage de l'argent. Le pauvre n'utilise son argent que pour la consommation, le riche quand à lui investit le sien. La dame de notre texte de base a investi et est devenu riche: elle a été la première à voir le Seigneur JÉSUS-CHRIST réssuscité.

Votre niveau de pauvreté ou de richesse est liée à l'usage et à la gestion que vous faites de votre argent.

Question 3: Qu'est ce qu'un pauvre?

Réponse 3:

Il y a trois catégories de pauvres:

- **1ère catégorie:** Ce sont ceux-là dont les revenus sont inférieurs aux dépenses et ceci quel que soit ce qu'ils gagnent comme revenus. Ils vivent au-delà de ce qu'ils produisent (crédits, avances sur salaire...).

- ❖ **Dangers liés à une telle pauvreté:**

Ces genres d'individus sont non seulement dangereux mais sont également en danger grave car ils n'ont rien à investir, rien pour saisir les opportunités, ni pour faire face aux défis et imprévus. Ce sont des pauvres accidentés. Lorsque l'enfant d'une telle personne tombera malade, avec quoi amenera-t-il l'enfant à l'hopital? Il attend Dieu pour guérir l'enfant mais Dieu ne lève aucun doigt. En effet DIEU ne lève aucun doigt lorsque nous nous retrouvont dans des problemes pour lesquels il nous avait préalablement averti. (**Proverbe 16:24-25; 1 Corinthiens 1:24; 1 Pierre 4:15**).

❖ **Lecon à tirer:** Le Seigneur JÉSUS-CHRIST est la sagesse de Dieu **(1 Pierre 4:15)** donc à partir d'aujourd'hui, soyez sage et arrêtez de dépenser plus que ce que vous consommez.

❖ **Causes d'une telle pauvreté:**

- **L'absence de budget.**

 Le budget c'est pour les gens sensés **(Luc 14: 28-32)**. Ne pas avoir de budget vous amènera à dépenser sans retenue ni controle.

- **Le manque de contentement**

Les gens de cette catégorie n'ont pas de contentement, ils sont pleins de convoitise et c'est ce qui les appauvrit. Si tu sais te contenter de ce que tu as, tu deviendras riche **(Galates 5:16-19; 1Timothée 6:6)**.

✦ **2ème catégorie:** Ce sont des gens qui vivent exactement sur la base de leurs revenus. Si vous gagnez 10.000.000 FCFA et que vos dépenses s'élèvent à 10.000.000 FCFA, vous êtes un pauvre malheureux. Bien que les pauvres de cette catégorie n'aient pas de crédits, ils dépensent totalement leurs revenus et donc n'ont pas d'économies. Quand les défis se présenteront, ils ne pourront pas y faire face. En cas d'imprévu, ils sont livrés aux crédits et tombent dans la première catégorie.

Il est donc dangereux de bouffer tout son revenu. La parole de DIEU dit que parfois, c'est l'argent qui sauve votre vie. Si tu as un peu d'argent chez toi, il y a des dangers qui ne t'emporteront pas **(Proverbe 13:8)**.

✦ **3ème catégorie:** Ce sont ceux dont les revenus couvrent les dépenses, qui ont de l'épargne mais dont l'épargne ne sert qu'à acheter des passifs (maison, réfrigérateurs, voitures, etc...). A court ou à moyen terme, les gens de cette catégorie auront des problemes. Il ne pourront pas conserver leur rythme de vie car les passifs ne rapportent pas de l'argent **(Proverbe 24:3)**.

Question 4: C'est qui alors un riche?

Réponse 4:

Un riche c'est quelqu'un qui arrive à couvrir ses charges grâce à ses revenus, à épargner pour les imprévus et à épargner pour investir. Pour devenir riche, il faut investir. **(Proverbe 24:3-4).** Il ne suffit pas de gagner de l'argent pour être riche mais il faut savoir orienter et gérer cet argent.

Même avec 100.000 vous pouvez devenir riche: Vous dépensez 50.000, vous donnez 15.000 comme dime et offrandes, vous épargnez 15.000 et vous investissez 20.000.

<u>Travaux dirigés</u>

1- Réexaminez ce qui bouffe vos sous

2- Considérez ce que vous gagnez

3- Evaluez le rapport entre vos revenus et vos dépenses

- Vos revenus sont-ils inférieurs à vos dépenses? Si oui, éliminez vos dépenses par ordre d'importance

- Vos dépenses rivalisent-elles avec vos revenues? Si oui, recherchez encore des choses à redimensionner, dimensionnez encore jusqu'à ce que vous ayez **"épargne de consommation"** et **"épargne d'investissement"**.

Que DIEU vous bénisse abondemment!

QUE VA T-IL TE DONNER POUR CETTE NOUVELLE ANNEE?

Texte de base: Mathieu 25: 28-29

Notre texte de base est une décision du Seigneur Jésus-Christ, une sanction contre la mauvaise gestion d'un Homme. Ce texte est la fin d'une parabole que racontais le Seigneur Jésus à ses disciples **(Mathieu 25 : 14-29) mais** en réalité, le Seigneur JÉSUS-CHRIST parlait de lui-même : C'est lui le Maitre dont parle le texte. En effet, la parabole des pièces d'or est une image du Royaume de Dieu parmi tant d'autres données par le Seigneur JÉSUS-CHRIST un peu avant son départ. La parabole des dix vierges en est une autre **(Mathieu 25 : 1).**

Nous voyons dans la parabole des pièces d'or, que le maître à son retour du voyage a fait un point avec ses serviteurs sur la richesse qu'il a confié à chacun avant son départ. Il constata que certains avaient travaillé et multiplié ce qu'il leur avait confié mais que d'autres l'ont gardé intact. Après son point, le maître pris des décisions.

Quelle sera la décision de DIEU en ta faveur après ce que tu as fait de ce qu'il t'a donné ?

Cette parabole nous révèle comment Dieu fonctionne avec les êtres humains et la manière dont il distribue la richesse à chacun.

Comment Dieu fonctionne-t-il ?

Dieu évalue périodiquement et prend des décisions. Au début d'une année ou d'une période, DIEU vous donne des ressources, il vous confie des biens. A la fin de l'année ou de la période, il fait le point, demande des comptes à chacun et prend des décisions pour la nouvelle année.

Comment DIEU distribue-t-il la richesse ?

1- La richesse est distribuée en fonction de la capacité de chacun à gérer

Tout comme ce maître, DIEU donne à chacun selon sa capacité **(Mathieu 25 :15)**. Dieu lui-même attend des préréquis avant de vous bénir. Dieu donne les choses sur la base de ce que vous avez et qui le provoque.

2- . Dieu reprend à celui qui ne fructifie pas ses ressources le peu qui lui a été confié pour le confier à celui qui sait multiplier les biens qu'on lui confie.

Dieu dit de faire des affaires avec ce qu'il vous donne **(Luc 19 :13)**. Il nous distribue des ressources que nous devons exploiter, travailler et multiplier. Si nous ne travaillons pas à accroitre et à développer la part de richesse qu'il nous a confié, il nous les reprend tout simplement **(Mathieu 25 : 28-29)**.

Que peut-on alors retenir de cette parabole ?

- Au début d'une période ou d'une année, Dieu nous distribue des ressources que nous devons exploiter, travailler et multiplier ;

- DIEU donne à chacun selon sa capacité de gestion **(Mathieu 25 :15)** ;

- Tout comme à chaque fin de période ou d'année, le monde évalue et fait des points, Dieu aussi vient périodiquement faire le point, nous évaluer et prendre des décisions en fonction de nos résulats :

  - S'il constate que nous avons fructifié les biens qu'il nous a confié, il nous en confie de plus grands ;

  - mais s'il constate que nous les avons gardé intact, que nous ne les avons pas multiplié, il nous les reprend pour les confier à celui qui sait multiplier ce qu'on lui confie **(Mathieu 25 : 24-28)**.

  Pouvez vous fructifiez l'argent que DIEU vous donne ? Pouvez-vous bénir d'autres avec, pouvez-vous payer vos dimes ? Si oui, alors votre richesse ne cessera de croitre.

  QUE DIEU VOUS BENISSE ABONDEMMENT !

Printed by Books on Demand GmbH, Norderstedt / Germany